NPO 法人
自分らしい葬送を考える会

小早川 滋

【自分で決める】

“さよなら”のかたち

海鳥社

●装画　久冨正美
●本文イラスト　家入常徳

はじめに

日本人の平均寿命は毎年上昇を続けていますが、果たして将来、私たちは長寿を満喫できるのでしょうか。元気だった方が突然亡くなられたり、考えられないような事件が毎日のように発生したり……。自分だけは大丈夫、などというのはいわば根拠のない思い込みではないでしょうか。

人には必ず死が訪れます。

しかしながら、私たちは普段、“自分の死”を現実的な問題として真正面からとらえようとせず、目をそむけながら人生を歩み続けています。

「備えあれば憂いなし」― 死が避けられないものである以上、元気なうちに、「もしも」の時の準備を整え、残された自分の人生を安心とゆとりを持って生きていくことが賢明な生き方ではないでしょうか。

今では、死や葬儀の話はタブーではありません。最近、新しい葬儀のあり方が新聞やテレビなどで次々と紹介されており、「葬送のかたち」が大きく変化してきています。

これまで葬儀は、送る側の意思で行われてきました。送られる側は自分の意思を伝えることができません。そのような“一方的な葬儀”から、送られる故人の遺志を明確に取り入れた“自分らしい手づくりの「自分葬」”という、新しい形態の葬儀が脚光を浴びてきています。

人生の最後を飾るセレモニー「葬儀」は、画一的なものでなく「自分らしさ」を表現した個性的なものでありたい、というのが「自分葬」の目的と言えます。菊の代わりにバラやカーネーションを使ったり、祭壇や棺《ひつぎ》を前もって指定したり、生前に撮った挨拶のビデオ映像を流すことも、「自分葬」と言えます。無宗教・無宗派の立場で、祭壇も花を飾るだけ、あるいは趣味の作品などを施したパネルを使ったもの、また、読経もなく、代わりに自分の好きな音楽を流したり、友人たちに別れの歌を合唱してもらったりすることなども、オリジナルな「自分葬」です。

最近、自分の葬儀プランを生前に準備する人が増えてきています。人それぞれ置かれた状況は異なりますが、「自分のお葬式をどのようにしますか」、「あなたのお葬式プランはできていますか」と聞かれても、葬儀のことを詳しく知っている人や考えている人は高齢者でも少ないものです。

この冊子では、「自分らしい葬送をデザインしたい」という人のために、単に新しい情報を提供するだけでなく、現実のことを考え、整理して、それぞれの選択を考慮しながらプラン作りのお手伝いができるよう努めました。あなたのお役に立てれば幸いです。

目次

自分らしい
葬儀を考える

人生90年時代を控え、世の中が高齢化社会から高齢社会へと移行し、社会情勢も高齢者の意識も大きく変化しており、とりわけ人が避けることのできない「死」や「葬送」に対する考え方にも新しい動きが生まれ始めています。

核家族化が進んだ今、親子や夫婦のあり方も、従来の家単位の考え方から個人を尊重する考え方へと変わり、葬儀においても、故人の遺志を尊重し、「自分らしさ」が表現できる“新しいあり方”が広まりつつあります。

ここでは、「自分らしい葬儀」を考える時、伝統として残したい慣習やしきたりを踏まえ、最近の傾向や自分らしい演出法などについて分かりやすく紹介しました。ご自分の葬儀や葬法を考える時の参考になさってください。

「生きている間が人生ではなく、葬送のさよならまでが人生である」

今の葬儀のかたち

伝統型

宗教儀礼を重視し、伝統や慣習に従った、従来の葬儀の基本形式。一般的なのは仏式で、葬儀の中心は読経などの宗教儀礼が占めるため、遺族の心を慰め、故人をあの世に送り出す心の整理にも役立ちます。これも「自分らしい葬儀」の選択肢の一つです。

A 葬儀場などで葬儀と告別式とを一緒に行う一般的な形式

＊葬儀（葬儀式）は宗教儀礼であり、告別式は生前縁のあった人とのお別れの儀式で、意味が違うものです。

B 家族や親類だけで密葬を行い、告別式は行わない形式【家族葬】

＊自分の死を心から悲しんでくれる身近な人たちだけに送られたいと、生前に家族に託すケースです。この場合、家族以外の知人や友人に対する配慮を考えておく必要があります。

改革型

伝統型の良さを生かし、宗教葬の形を取りながら、一部分をアレンジし、「自分らしさ」を演出する形式。

A 伝統型Aの一般的な形式を踏まえながら、葬儀会場内に「自分らしさ」をデザイン（演出）する形式

＊会場内に自分の趣味の作品を展示したり、好きな音楽を流したりします。

B 葬儀と告別式を分離して行う形式

＊葬儀は午前中に、告別式は夕方に、と時間で分けたり、告別式を後日改めて行うなど。

【例】 家族や身内だけで宗教儀礼として密葬を行い、翌日または後日、友人・知人たちに集まってもらい「お別れ会」や「偲ぶ会」を開く。

無宗教型

特定の宗教・宗派による宗教的儀式はなく、「お別れ会」や「偲ぶ会」だけを行う、形式にとらわれない葬儀の形式。

＊無宗教とは、宗教を信じないというのとは異なり、特定の宗教や宗派に属していないという意味ですので、自由に形式を決めることができます。決まった形式がありませんので、葬祭業者などに、どういう形態にしたいのかを指定する必要があります。お寺との関係が希薄になり、「自分らしさ」が求められる時代であるため、今後増えていくと思われます。ただし、家族や親しい人とよく話し合い、皆さんの同意を得ておくことが大事です。

生前に準備する意味

●自分の葬儀のことで、遺された子供たちや家族に負担をかけたり、混乱させたりしたくない。

●最後のお別れだから、決まりきった形式でなく、自分の個性や趣味が反映される葬儀でありたい。

●元気なうちにプランを立て、残された自分の人生を安心とゆとりをもって送りたい（お葬式の準備は、“生きる”ための準備です）。

●生前に準備をすることにより、経費についても充分検討・把握することができ、家族などに葬儀プランと見積書を渡しておくことができる。

●自分の希望するかたちの葬式を実現させてくれる葬儀社を、地域にこだわらずに選ぶことができる。

■生前予約と生前契約

本人が生前から自分の葬儀の内容と費用を決めて、葬祭業者などと「生前予約」または「生前契約」を結んでおく「生前準備システム」が普及し始めています。

生前予約――１万円程度の予約申込金を払って会員になり、葬儀内容の形態や要望に沿って見積書を作成してもらう。あくまで予約であって、内容までは契約しない。解約は自由で、気楽に申し込める。格安で葬儀ができることを謳《うた》っている。

生前契約――次の３条件を満たしたシステム。

１）葬儀の内容を詳細に決めている。

２）費用の支払方法を明確に定めている。

３）上記１、２の内容が記載された契約書を生前に業者と取り交わす。

＊内容の変更や解約条件などの確認をしておくことと、家族の了解を得ておくことがポイントです。

自分らしい葬儀プランの立て方

お葬式は人を“呼ぶ”ものではありません。自然に人が“集まってくる”もの……そういう空気をつくることが大切です。

あなたの思う「自分らしさ」を、どのように表現すればいいのかを考えてみましょう。

- これまでの人生を振り返って、お葬式に反映させたいものは何ですか（人生観など）。
- あなたが最も誇りとするものは何ですか（仕事、趣味など）。
- 家族や友人・知人に伝えたい大切なことは何ですか（とりわけ愛してきたものなど）。

①お葬式のテーマを決める
（全体の流れの中で何をメインにするのか）

▼

②テーマに沿って、葬儀内容の中で何が必要で何が不要か、一つ一つチェックする
（「私の葬儀プラン・チェックノート」22頁以下参照）

▼

③計画書を作成する

▼

④葬儀費用の予算規模を決める

▼

⑤自分のプランが実現できるかどうかを葬儀社などに相談する

▼

⑥見積書作成と予約

▼

⑦３年毎の見直しチェック

プラン作りの留意点

●家族とよく相談して、理解と協力に支えられ、同意を得たプランであること。
＊特に、喪主となる人の存在が無視されるようなプランにならないこと。

●詳細に内容を決め、家族に負担をかけないプランであること。

●親族や親しい友人などには、生前に「自分葬」を表明しておくこと。

●自意識過剰に陥らず、謙虚さが偲ばれるプランであること。

●葬儀費用の支払い方法を決めておくこと。また、自分の生活レベルに合わせて予算を決めること。

●どこかの寺の檀家である場合、当日になってトラブルが生じないよう、お寺の住職にも前もって相談しておくこと。

●物価の変動や自分の意思の変化を考慮し、一定期間毎（3年ぐらい）に、見積の見直しと葬儀内容についてのチェックを行うこと。

自分らしさの演出法

あなたが死亡した時には、友人・知人が集まってきます。その人たちとの別れの場をどう作り出すかが、「自分らしさ」の演出です。

「心に残るお葬式」とは、会葬者が故人をしみじみと偲び、その人生や人柄を思いおこし、その終焉《しゅうえん》を心から悼《いた》むことのできるお葬式ではないでしょうか。

あなたの「人生のしめくくり」を心に残る演出で飾ってください。

ここでは葬儀の演出法のあれこれを記してみました。あなたが「自分らしい葬送」について考えるための参考になさってください。

祭壇をデザインする

祭壇は演出上、重要なポイントとなります。

●自分の好きな生花をたくさん飾る「花祭壇」が最近好まれています。これには、白木祭壇に生花をあしらうケースと、生花だけで祭壇を作るケースがあります。白や黄色の菊中心の生花から洋花や野花まで、種類も多彩で、赤いバラなど色も自由になってきています。

　ポイントは、たくさんの種類の花を飾るのではなく、1～3種類に押さえて統一感をもたせることです。

＊生花の用い方で性格や人柄を表現できます。

●趣味で作った作品や愛用品を祭壇の傍らに飾る。

●生前に指定した布をかけたり、全体の色を統一したりする。

●例えば、ゴルフの好きな人は、ミニチュアのゴルフ・コースのイメージを表現するのもよいでしょう。

●無宗教葬なら、祭壇なしで、棺のうしろに愛用の机と椅子を並べ、そこに遺影を置き、愛用していた花瓶に好きな花を活ける。

＊祭壇作りは時間がかかるので、前もっての準備や打ち合わせが大事です。

遺影にこだわる

●遺影はあなたの顔であるとともに、お葬式の「顔」です。かしこまったものより、リラックスした笑顔の写真のほうが印象に残ります。

●趣味を持つ人は、そのことにちなんだスタイルが個性的です。例えば山好きの人は、山登りの格好のままが自然です。

●一般的にはあまり昔の写真は使いませんが、気に入っている写真があれば若い頃の写真を選んでもよいでしょう。その場合、葬儀の進行係の人に、選んだ理由をひとこと紹介してもらうようにしましょう。

●絵を描くことの好きな人は、写真ではなく、自画像を飾ってもらってもいいですね。

焼香にこだわる

●焼香の代わりに、自分の好きな花による献花でお別れをする。

＊献花はキリスト教葬のほか、無宗教葬でも行われます。

●自分の好きな香を指定したり、ブレンドして自分用の香を準備しておく。

●コーヒーの好きな人はコーヒーの粉で焼香する。

＊コーヒーの粉を燃やすのはあまりよい香りではないので、火をつけずに行ったほうがよいでしょう。ただし仏式の場合は、僧侶の了解を得ておく必要があります。

●焼香や献花の代わりに、会葬者が一人ずつ祭壇に並んだキャンドルに火を灯す「献灯」も、最近人気があります。

●愛煙家は、好きな銘柄のタバコを１本ずつ置いてもらう。

思い出のコーナーの設置

式場内や斎場の待合室、ロビーに、また自宅なら玄関スペースなどを利用して、思い出のコーナーを設ける。

●趣味の作品（絵画、陶芸、手芸品、俳句・短歌、魚拓など）やコレクション（切手、植物、コインなど）を展示する。

●愛用品（絵筆などの画材、習字道具、釣り道具、三味線など）を展示する。

●自分の人生の節目となる時期の写真や賞状などを、簡単な解説を付けて展示する。

出棺の際の演出

●これまでの人生をねぎらってもらう意味から、会葬者全員の拍手で送ってもらう。

●自分の好きなワイン、コーヒー、日本酒などで「献杯《けんぱい》！」と送ってもらう。

●前もって歌詞カードを配っておき、自分の愛唱歌を皆に歌ってもらう。

会葬御礼の演出

■自筆の挨拶状

会葬者にあなたの想いがよりよく伝わるよう、文章は短くてもいいので、自筆の挨拶状を用意しておく。 [48ページ参照]

＊印刷ではなく手書きがよいでしょう。人数が多い場合はコピーして配ります。

■テープによる挨拶

録音テープで本人がお別れの挨拶をする（2～3分程度）。

＊普段の口調で話したほうが、あなたを偲ぶ人たちにとっては思い出深いものになります。また、特定の人に対する言葉は避けたほうがよいでしょう。

■ビデオによる挨拶

ビデオによるお別れの挨拶を撮影しておき、映写してもらう。

式が始まる前の演出

●大型スクリーンを使って、元気な頃の姿をスライドやビデオで紹介する。

＊スライドにする写真は、プリント写真やフィルムを写真店に持っていけば作ってくれます。子供時代、青年時代、社会人時代など年代別に紹介し、その解説を別紙に用意して配っておきます。

●「自分史」をまとめたものを配る。

一生を振り返って、成功、失敗、挫折などをありのままに、わかりやすくまとめたものを会葬者に配る。

＊印刷でもコピーでもよいでしょう。

音楽を取り入れた演出

●式の進行に合わせて、自分の好きな曲をＢＧＭとして流します。「その人らしさ」が偲ばれるものであれば、演歌、詩吟、出身校の校歌などでもかまいません。一般的にはクラシック、童謡、日本の名曲、讃美歌、小学校唱歌が多いようです。

＊流す前に曲のいわれを説明してもらうと、思い出深いものになります。

●歌うことが好きな人は、カセット・テープなどに吹き込んで、焼香・献花・出棺の時に自分の歌声で流してもらう。

●弦楽四重奏団などの生演奏をセットする。

テーマ別演出

■ワイン葬

無宗教葬による告別式の場合です。祭壇はなく、棺の周囲に洋花を飾ります。テーブルの上に遺影を置き、あなたの好きなワイン・ボトルを供えてもらいます。

開式後、好きな曲のＢＧＭを流しながら「黙禱」。

会葬者のお別れの挨拶のあと、遺影テーブルの上のグラスに、代表者のワインによる「献酒」を行い、会葬者との最後の酒宴としてワインを飲みながら明るく送ってもらいます。

献花、喪主謝辞のあと、ワインによる「献杯」で出棺、見送ってもらいます。お返しにはハーフ・ボトルのワインを用意するといいですね。

＊アルコールがだめな人にはジュースを用意しましょう。

■音楽葬

葬儀は近親者のみの密葬とし、僧侶にお経をあげてもらう（一般的には翌日火葬、拾骨）。

日を改め、音楽葬として告別式を行います（時間は夕方６時頃に設定すると会葬者が集まりやすい）。祭壇と遺影には五線譜をあしらいます。開式後、前奏として好きな曲のＢＧＭを流しながら「黙禱」。

次に娘や孫、音楽仲間や友人に、あなたの好きな曲を生演奏で「献奏」してもらいます。弔辞のあと、あなたの愛唱歌を全員で「献歌」してもらいます（歌詞カードを準備）。

喪主挨拶のあと、思い出の曲をテープなどで流しながら献花、閉式となります。

【よく使われる葬送曲】

●クラシック

①バッハ「G線上のアリア」／②アルビノーニ「アダージョ」／③ショパン「ピアノ・ソナタ第２番〈葬送〉第３楽章」／④サン・サーンス「白鳥」／⑤ドビュッシー「月の光」／⑥モーツァルト「レクイエム」／⑦ドボルザーク「新世界」より「家路」

●童謡・小学校唱歌

①「ふるさと」／②「赤とんぼ」／③「浜千鳥」／④「七つの子」／⑤「おぼろ月夜」／⑥「椰子の実」

●映画音楽

①「ひまわり」／②「鉄道員」／③「太陽がいっぱい」／④「慕情」／⑤「禁じられた遊び」／⑥「エデンの東」

●歌謡曲

①「川の流れのように」／②「恋人よ」／③「花」／④「見上げてごらん夜の星を」／⑤「いい日旅立ち」

●軍歌

①「同期の桜」／②「海行かば」／③「戦友」／④「軍国の母」

■登山葬（自分の好きな場所をテーマにしたプラン）

山登りが趣味の人は、思い出の山で、家族と登山仲間だけで告別式を行います。みんなで山の歌を歌ってもらい、おにぎりとお茶で精進落しの代わりとします。ただし、環境への配慮や、たまたま居合わせた登山者への気づかいが必要です。

■その他

短歌葬、ガーデン葬、カラオケ葬なども考えられます。

その他の演出

●自分の趣味の作品や長年のコレクションを、譲ってほしいという人に形見分けとして渡す。

＊絵、刺繍小物、人形、蔵書、パイプなど。

●料理好きの人は、得意料理の作り方を記したレシピを残しておき、通夜や精進落しの際にふるまう。

＊作ってもらう人に託しておく。

■ホテルを利用する場合【ホテル葬】

ホテルの宴会場を利用してパーティ式の「お別れ会」や「偲ぶ会」を開く場合は、自宅で家族だけの密葬を営み、後日、親しい人をホテルに招いて行うのが一般的です。案内状では、ホテルということで、平服での参列を依頼します。

ホテルでの「タブー」が100%なくなったわけではなく、遺体の安置と焼香はまだ許されていません（献花かキャンドルによる献灯を行う）が、遺影・遺骨は持ち込めますし、僧侶の読経も許容されています（木魚は不可）。遺影と遺骨さえあれば、それを中心に祭壇を作ることができます。

＊白木祭壇より花祭壇がよいでしょう。

■生きているうちにお葬式をあげる【生前葬】

決まった形式は確立されていませんが、「生前葬」のよいところは、とても華やかで明るい式であることです。

本人が同席しているので、涙を流す場面は考えられません。自分のお葬式では笑って見送ってほしい、という人にふさわしいスタイルでしょう。

＊なぜ「生前葬」を行うのか、会葬を予定している人にあらかじめ説明しておくことが大事です。

＊実際に死亡した時にはお葬式をどうするのかを決めておくこと（「生前葬」の主旨を踏まえると、さらにもう一度葬儀をするのはおすすめできません）。

新しい葬法のかたち

「自分葬」という新しい葬儀の形態が広まりつつある中、「葬法」（死者を葬る方法）にも新しい考え方が生まれてきています。近年特に、「散骨」に対する関心が高まり、賛同者も増えてきました。

■散　骨

「散骨」とは、細かく砕いた遺骨を海や山など墓地以外の場所に撒き、骨を自然に戻すことをいいます。法的にも「葬送を目的として、他人の感情を害さないよう、節度をもっておこなう」という条件であれば、刑法の「遺骨遺棄罪」には当たらず、また「墓地、埋葬等に関する法律」(墓埋法)には「散骨」の規定がないことから、違反とはならないとされています。「節度をもって」とは、遺骨を２ミリ以下に砕いて原型を残さず、周辺の居住者が嫌がらない場所を選んで行う、ということです。海での場合は、20キロ程度沖合まで出てから行うべきでしょう。

「散骨」には、分骨して一部を散骨するケースもあります。

「散骨＝無宗教」というわけではありませんので、僧侶など宗教者に参加してもらってもよいでしょう。

＊平成３年10月、「葬送の自由をすすめる会」が相模灘で「自然葬」と命名して行ったのが最初です。

■樹木葬

「散骨」と同様に、自然と“共生”したかたちの「葬法」として、「樹木葬」も注目を集めています。平成11年11月、岩手県一関市に、日本初の樹木葬墓地が正式許可を得て誕生しました。雑木林の中にあり、墓石などは作らず、地面を掘ってそこに遺骨を骨壺から出して直接納め、土をかぶせた上に山ツツジなどを植える方法です。許可された墓地内のため、散骨とは異なり遺骨を細かく砕く必要はありません。

変化する墓への意識

最近、承継者を必要としない新しい形式の墓が注目されています。

お墓の中で現在最も一般的なのが、「○○家の墓」などと彫られている「家墓《いえばか》」です。一つの墓に複数の家族の遺骨を納めることができるものです。

「家墓」は承継者によって一族代々承継されていきますが、近年、核家族化や少子化など家族事情の変化により、離婚者や単身者、子供のいない夫婦など、墓の承継者がいない人たちが増えてきています。また承継者がいる人でも、子供たちに迷惑をかけたくないなど、墓に対する考え方も多様化し、選択肢も広がっています。

■永代供養墓（寺院）

最初に永代使用料を払えば、承継者がいなくても寺院が永続的に管理・供養を続けてくれる墓。

■合葬墓（合祀《ごうし》墓／公営・民営）

知らない者どうしで集まって一つの墓に入り、皆で守っていこうという墓。東京の「もやいの碑」などが有名です。

いずれも、一定の期間は個別に遺骨を祀《まつ》り、その後合祀する場合と、初めから合祀する場合があります。今後需要はますます伸びていくことでしょう。

私自身の葬送プラン

ここでは最初に「私の葬儀プラン・チェックノート」を収録しています。このチェックノートは、元気なうちに、人生のゴールをあなた自身がプロデュースする、「自分らしい葬送のかたち」への意思表明です。

時を止めることは誰にもできません。「もしも」の時は、愛する人の死を悲しむゆとりもないほど、短時間のうちに葬儀の計画を立てなければなりません。

その時、後悔しないために、また自分の葬儀への不安や、これまでの葬儀への不満を解消し、残された家族を最後まで思いやるためにも、このチェックノートを有効に活用し、人生最後のしごと ―“私の葬儀プラン”を整え、限りある人生を充実したものにしていただければと思います。

□の中にチェックを入れましょう。分からないところや検討したい項目には、「?」を付けておきましょう。

私の葬儀プラン・チェックノート

項　目	準　備　内　容	備　　考
葬式は	□する　　□しない □密葬（家族葬）▶ □生前葬 □その他（　　　　　　　　　　　）	▶密葬（家族葬）の場合 □告別式は行わない □日を改めて「お別れ会」 などを行う
宗教は	□仏式葬 □神式葬 □キリスト教葬 □無宗教葬 □その他（　　　　　　　　　　　）	●宗派など ●家紋（コピー貼付）
葬式の場所は	□斎場▶ □自宅 □その他（　　　　　　　　　　　）	▶斎場名 住所 電話
葬式の規模は	□盛大に □普通に □簡素に	●形式（6ページ参照） □伝統型（A・B） □改革型（A・B） □無宗教型
会葬見込人数は	通夜（　　　　　人） 葬儀（　　　　　人）	
葬儀の予算は	□一般的な費用で □それなりにかけてよい □できるだけ節約したい	●費用全体の目安 万円程度

項目	準備内容	備考
亡くなった時は病院から	□自宅へ帰りたい □斎場へ直接行く □どちらでもよい □その他（　　　　）	
緊急連絡先は	□リストが出来上がっている▶ □リストを作っていない □その他（　　　　） □連絡してほしくない所がある▶	▶緊急連絡先リスト ⇨30ページ ▶連絡してほしくない所
菩提寺・神社・教会などの連絡先は	□名称 住所 □特に希望はない □呼ばない	●代表者名 ●電話
喪主は誰に	間柄（　　　　）	●世話役 間柄（　　　　）
枕飾りは	□仏式 □省略 □その他（　　　　）	
通夜は	□身内で　□身内以外も □不要 通夜ぶるまいで出してほしいもの （　　　　）	●場所 □斎場 □自宅 □その他
戒名は（法名・法号）	□生前に付ける　□死後に付ける □俗名で　□不要 □高位　□普通　□低位	●院号などの希望 ●戒名料の目安 円程度

項　目	準　備　内　容	備　　考
祭壇は	□葬儀社の祭壇（白木・生花） □オリジナルの祭壇 □不要 □その他（　　　　　　　　　）	●飾り付けの主体は（生花・造花・植木・趣味の品・愛用品） 希望
棺《ひつぎ》は	□合板　□布張り　□檜 □自分で用意している▶ □その他（　　　　　　　　　） □高額　□普通　□低額	▶自分で用意（特注）の場合 保管先
棺掛けは	□自分で準備している▶ □仏式用柄（朱・紫・黒・緑・その他） □その他（　　　　　　　　　）	▶保管場所
死装束は	□自分の好きな服を選ぶ▶ （　　　　　　　　　） （　　　　　　　　　） 春（　　　　　　　　　） 夏（　　　　　　　　　） 秋（　　　　　　　　　） 冬（　　　　　　　　　） □通常の法衣（経かたびら）	▶保管場所
棺に入れてほしいものは	□希望がある▶ 品名 □家族に任せる □不要	▶保管場所 ＊棺に入れられないもの ・貴金属、ガラス製品など燃えにくいもの ・爆発物、酒、水、果物、乾電池など

項　目	準　備　内　容	備　　考
遺影は	□用意してある▶ （引き伸ばしてある／フィルムで） □ビデオ・スライドで用意してある▶ □任せる □不要（代わりに　　　　　　　　） □その他（　　　　　　　　　　　）	▶保管場所
好きな花は		●好きな色は
流してほしい音楽は	●好きな曲 □クラシック （　　　　　　　　　　　　　　　） □童謡 （　　　　　　　　　　　　　　　） □映画音楽 （　　　　　　　　　　　　　　　） □歌謡曲 （　　　　　　　　　　　　　　　） □その他 （　　　　　　　　　　　　　　　）	●生演奏 □ピアノ □エレクトーン □弦楽四重奏 □その他 （　　　　　　　　　　） ●録音のもの（テープ・CD・MD） □既製品 （　　　　　　　　　　） □自作のもの（　　　　） ●保管場所 （　　　　　　　　　　）
焼香・献花は	□お香　□献花　□その他▶	▶
式次第の希望は		

項　目	準　備　内　容	備　　考
葬儀の演出法は	□プランが出来上がっている▶ □家族に任せる □その他	▶保管場所
挨拶の希望は（弔辞含む）	親類（　　　　　　　　　　） 友人・知人（　　　　　　　　） （　　　　　　　　） 自分の挨拶 （□録音テープ／□ビデオ）▶	▶保管場所
会葬礼状は	□自筆で書いてある▶ □既成見本の通りでよい □その他（　　　　　　　　）	▶保管場所
会葬お礼品は	□希望がある（　　　　　　　） □任せる	●予算 円程度
供花・花輪は	□いただく　□辞退する □どちらでもよい	●花の希望
香典は	□いただく　□辞退する □どちらでもよい	
香典返しは	□する　□しない □慈善団体に寄付する 寄付先（　　　　　　　　）	●お返し金額と贈りたい品物 円程度 （　　　　　　）
霊柩車は	□宮型　□洋型 □その他（　　　　　　　　）	
火葬場は	□公営 □民営 （都内の民営では６段階のランクがある）	●都内で民営の場合 □特賓　□特室　□特最 □特上　□上等　□中等
火葬場への移動は	□マイクロバス　□タクシー □その他（　　　　　　　　）	

項　目	準　備　内　容	備　　考
骨壺は	□自分で用意している▶ □高額　□普通　□低額	▶保管場所
墓は	□ある（寺院・公営・民営）▶ □購入予定（寺院・公営・民営） □その他 （　　　　　　　　）	▶寺院または霊園名など 住所 電話
分骨は	□希望する（　　　　　　　　） □希望しない　□任せる	
散骨は	□してほしい▶ □考えていない	▶希望場所 ●誰が行う
形見分けは	□リストが出来上がっている▶ □任せる	▶形見分けリスト ⇨40ページ
法要・供養は	□慣習通りにする □しない □任せる □その他 （　　　　　　　　）	
死亡通知は （葬式後）	□自筆で書いてある▶ □既成見本の通りでよい □出さない	▶保管場所
新聞広告は	□する▶ □しない	▶新聞名

項　目	準　備　内　容	備　　考
遺言証書は	□ある▶ □ない	▶保管場所 ●連絡先
臓器提供などの登録は	□している（献眼・献腎／献体）▶ □する（献眼・献腎／献体） □しない	▶「登録証」の保管場所 遺族の同意（　　　　　）
生前予約・生前契約は	□結んでいる▶ □これから結ぶ □結ばない ＊生前予約・生前契約については8ページ参照	▶予約・契約先 住所 電話
密葬（家族葬）の場合、日を改めて行う「お別れの会」の希望は	□盛大に　□普通に　□簡素に 対象者の範囲 希望する形式など	●場所 予定人数　　　　　人 予算額　　　　　万円程度
葬儀費用の捻出先は	□預貯金 □保険金 □香典 □家族に任せる □その他	●銀行名 ●口座番号 ●保険会社名 ●証券番号 ⇨82ページ

項目	準備内容	備考
死に水を取ってもらいたい人		
どうしても葬儀に参列してほしい人		●緊急連絡先リスト ⇨30ページ
単身者の場合 遺体を引き取り葬儀をあげてくれる人	□託す人がいる▶ □業者に一切を任せ契約している▶ □誰もいない ●施行後の確認ができる人 名前 住所 電話	▶託す人 名前 住所 電話 ▶業者 名前 住所 電話 ▶契約書保管場所
その他		

緊急連絡先リスト①

区分	氏　名	住　所	連絡する時期					
			入院の時	危篤の時	死亡の時	通夜	葬儀	お別れ会
(記入例) 家族	山田五郎 自宅電話 092－123－1234 ＦＡＸ 同上 携帯電話 090－123－1234	〒 810-0074 福岡市中央区大手門 3－6－13		○				
	 自宅電話 ＦＡＸ 携帯電話							
	 自宅電話 ＦＡＸ 携帯電話							
	 自宅電話 ＦＡＸ 携帯電話							
	 自宅電話 ＦＡＸ 携帯電話							
	 自宅電話 ＦＡＸ 携帯電話							

＊区分例＝家族、親族、会社関係、友人、町内会、老人会、サークル

区分	氏　名	住　所	連絡する時期					
			入院の時	危篤の時	死亡の時	通夜	葬儀	お別れ会
	自宅電話							
	ＦＡＸ							
	携帯電話							
	自宅電話							
	ＦＡＸ							
	携帯電話							
	自宅電話							
	ＦＡＸ							
	携帯電話							
	自宅電話							
	ＦＡＸ							
	携帯電話							
	自宅電話							
	ＦＡＸ							
	携帯電話							
	自宅電話							
	ＦＡＸ							
	携帯電話							

緊急連絡先リスト②

区分	氏　名	住　所	連絡する時期					
			入院の時	危篤の時	死亡の時	通夜	葬儀	お別れ会
	自宅電話							
	ＦＡＸ							
	携帯電話							
	自宅電話							
	ＦＡＸ							
	携帯電話							
	自宅電話							
	ＦＡＸ							
	携帯電話							
	自宅電話							
	ＦＡＸ							
	携帯電話							
	自宅電話							
	ＦＡＸ							
	携帯電話							
	自宅電話							
	ＦＡＸ							
	携帯電話							

＊区分例＝家族、親族、会社関係、友人、町内会、老人会、サークル

区分	氏　名	住　所	連絡する時期					
			入院の時	危篤の時	死亡の時	通夜	葬儀	お別れ会
	自宅電話							
	ＦＡＸ							
	携帯電話							
	自宅電話							
	ＦＡＸ							
	携帯電話							
	自宅電話							
	ＦＡＸ							
	携帯電話							
	自宅電話							
	ＦＡＸ							
	携帯電話							
	自宅電話							
	ＦＡＸ							
	携帯電話							
	自宅電話							
	ＦＡＸ							
	携帯電話							

家族へのメッセージ①

へ

へ

へ

へ

へ

へ

家族へのメッセージ②

へ

へ

へ

へ

へ

へ

親しい人へのメッセージ

氏　　名	内　　　容
様へ 年　月　日記載	
様へ 年　月　日記載	
様へ 年　月　日記載	
様へ 年　月　日記載	
様へ 年　月　日記載	

氏　　名	内　　　容
様へ 年　月　日記載	
様へ 年　月　日記載	
様へ 年　月　日記載	
様へ 年　月　日記載	
様へ 年　月　日記載	

形見分けリスト

品　物	保管場所	渡す人	連　絡　先

品　物	保管場所	渡す人	連 絡 先

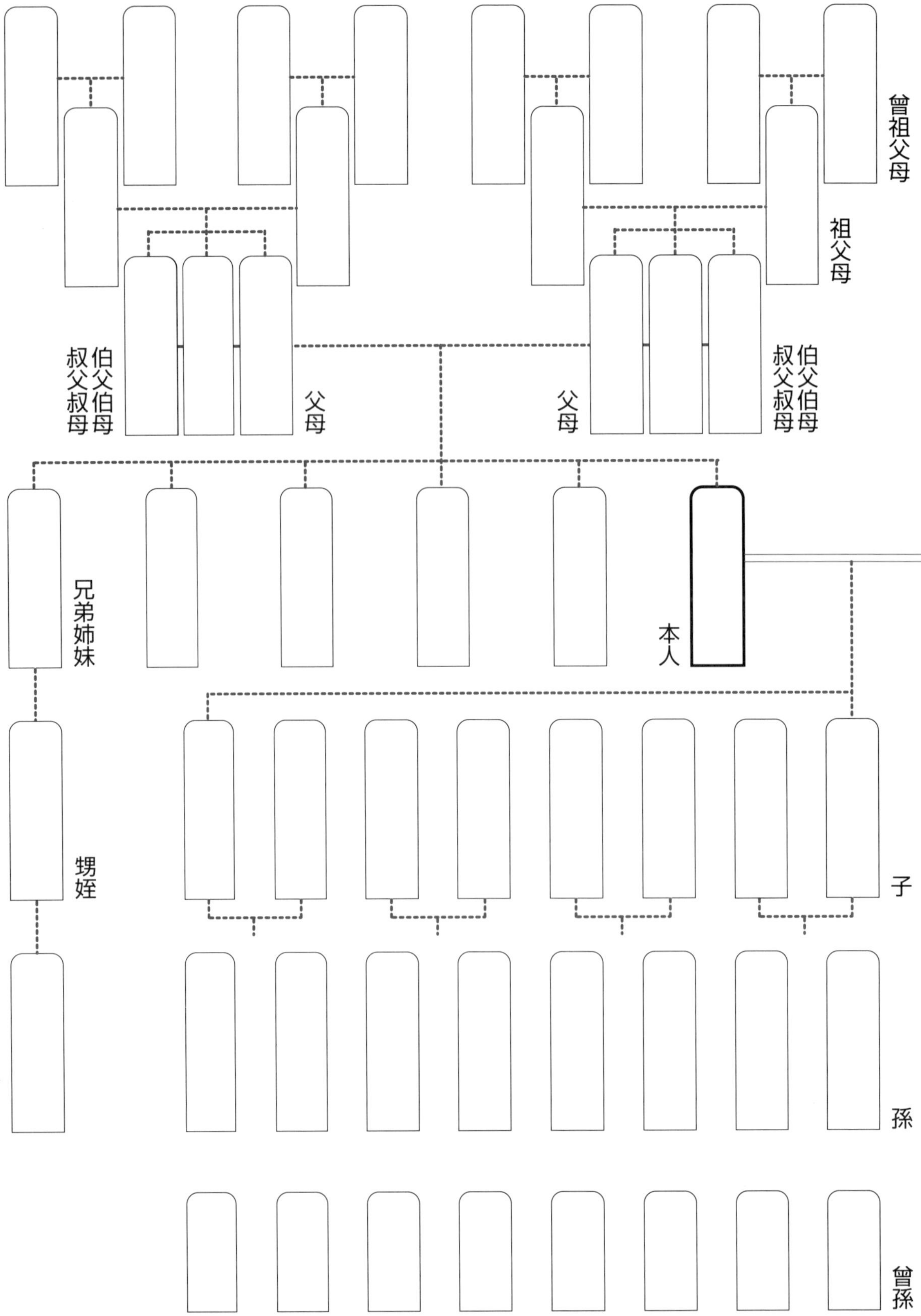
曾祖父母
祖父母
伯父伯母
叔父叔母
父母
父母
伯父伯母
叔父叔母
兄弟姉妹
本人
甥姪
子
孫
曾孫

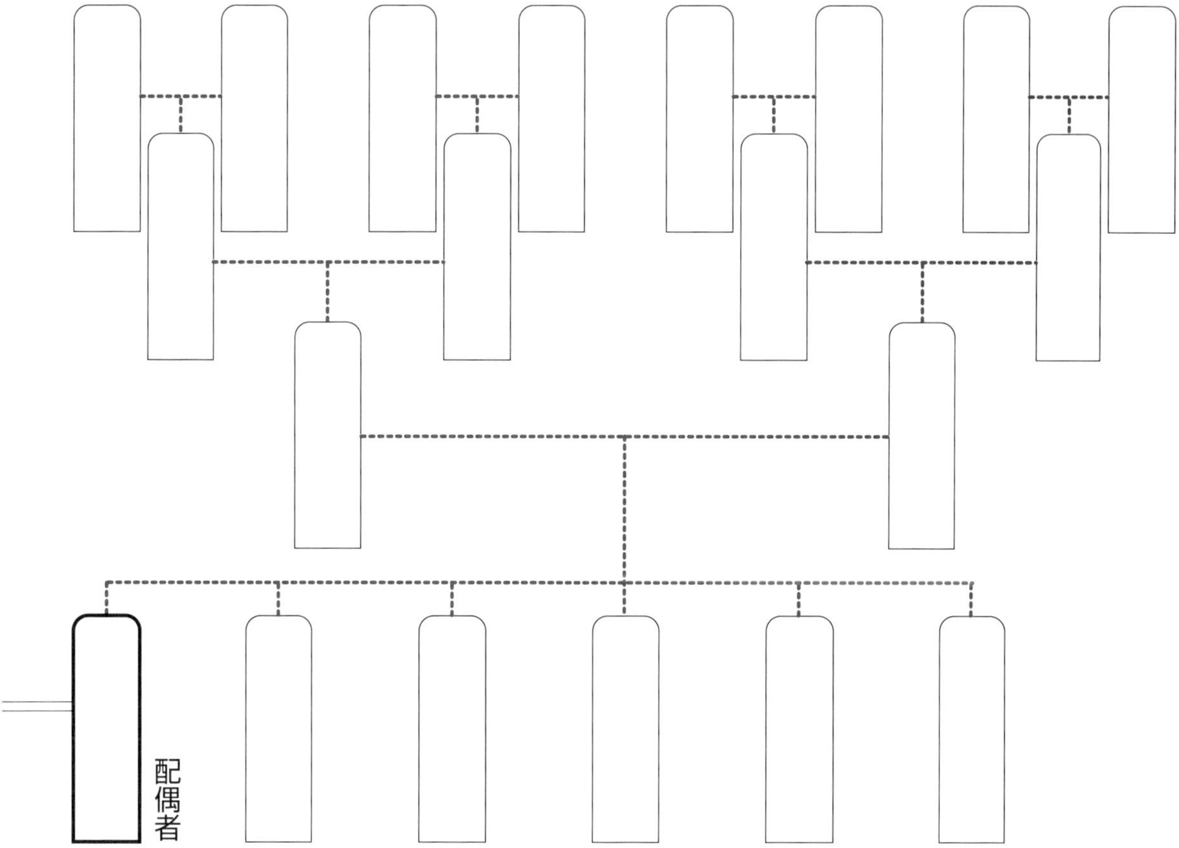

私の家系図

家系図は、自分の先祖や子孫を知り、家族や親族の範囲などを見つめる時の大切な資料となります。「私の家族」や「親しい人の記念日」、「緊急連絡先リスト」などと合わせて活用し、「もしも」の時にあわてないために、日頃から整理して記入しておきましょう。家族構成などにより足りないところは枠を増やして記入してください。名前の横に生年月日や没年月日などを記入しておくと、常に生きた家系図として活用できます。

私の家族

氏　　名	続柄	生年月日	死亡年月日	血液型
		年　月　日	年　月　日	型

事項

		年　月　日	年　月　日	型

事項

		年　月　日	年　月　日	型

事項

		年　月　日	年　月　日	型

事項

		年　月　日	年　月　日	型

事項

		年　月　日	年　月　日	型

事項

		年　月　日	年　月　日	型

事項

		年　月　日	年　月　日	型

事項

＊事項欄には、法要年月日、結婚記念日など慶弔関係記録をまとめておきましょう。

氏　名	続柄	生年月日	死亡年月日	血液型
		年　月　日	年　月　日	型
事項				
		年　月　日	年　月　日	型
事項				
		年　月　日	年　月　日	型
事項				
		年　月　日	年　月　日	型
事項				
		年　月　日	年　月　日	型
事項				
		年　月　日	年　月　日	型
事項				
		年　月　日	年　月　日	型
事項				
		年　月　日	年　月　日	型
事項				

親しい人の記念日

氏　名	誕生年月日	結婚年月日	その他
	年　月　日	年　月　日	
	年　月　日	年　月　日	
	年　月　日	年　月　日	
	年　月　日	年　月　日	
	年　月　日	年　月　日	
	年　月　日	年　月　日	
	年　月　日	年　月　日	
	年　月　日	年　月　日	
	年　月　日	年　月　日	
	年　月　日	年　月　日	
	年　月　日	年　月　日	
	年　月　日	年　月　日	
	年　月　日	年　月　日	
	年　月　日	年　月　日	
	年　月　日	年　月　日	
	年　月　日	年　月　日	
	年　月　日	年　月　日	
	年　月　日	年　月　日	
	年　月　日	年　月　日	
	年　月　日	年　月　日	
	年　月　日	年　月　日	
	年　月　日	年　月　日	
	年　月　日	年　月　日	
	年　月　日	年　月　日	

氏　　名	誕生年月日	結婚年月日	その他
	年　月　日	年　月　日	
	年　月　日	年　月　日	
	年　月　日	年　月　日	
	年　月　日	年　月　日	
	年　月　日	年　月　日	
	年　月　日	年　月　日	
	年　月　日	年　月　日	
	年　月　日	年　月　日	
	年　月　日	年　月　日	
	年　月　日	年　月　日	
	年　月　日	年　月　日	
	年　月　日	年　月　日	
	年　月　日	年　月　日	
	年　月　日	年　月　日	
	年　月　日	年　月　日	

【参考】賀寿の名称と由来

名　称	数え年	由　　来
還　暦	61歳	干支は60年で一巡し、数え年61歳で生まれた年の干支に還る（「本卦還り」という）ことから還暦といわれる
古　稀	70歳	中国の詩人杜甫の詩にある「人生七十年古来稀なり」から付いた
喜　寿	77歳	「喜」の字を草書体で書くと「㐂」となり、七十七に見えることから
傘　寿	80歳	「傘」の字を略すと「仐」となり、八十と読めることから
米　寿	88歳	「米」の字を分解すると八十八となることから
卒　寿	90歳	「卒」の字を略すと「卆」となり、九十と読めることから
白　寿	99歳	「百」の字から「一」を取ると白になるので、あと一歳で百歳という意味で

＊100歳は「上寿」や「百寿」、108歳を「茶寿」などともいう

自筆の挨拶状を書いてみましょう

＊官製葉書と同じサイズです。元原稿用にお使いください。

【遺族のための】
葬儀前後の諸手続きチェック表

	チェック欄	チェック内容	依頼先
臨終	◯	葬祭専門業者への連絡	
	◯	医師からの死亡診断書の受取り	
	◯	市区町村の役場への死亡診断書の提出と火葬（埋葬）許可証の交付手続き	
	◯	病院からの遺体搬送の手配	
	◯	近親者・関係者への連絡	
	◯	死亡広告の手配	
	◯	喪主の決定	
	◯	世話役の依頼	
	◯	遺影写真の手配	
	◯	喪服の準備	
通夜	◯	枕飾りの準備と戒名（法名）の決定	
	◯	弔問客接待の準備	
	◯	受付責任者の依頼	
	◯	香典会計係の依頼	
	◯	通夜の席次の決定	
	◯	僧侶接待の準備	
	◯	僧侶接待係の依頼	
	◯	通夜の礼状の手配	
葬儀・告別式	◯	葬儀・告別式の規模、予算、式場、日時、スケジュールなどの決定	
	◯	世話役、各担当者、手伝いの人との打ち合わせ	
	◯	会葬礼状・礼品の手配	

	チェック欄	チェック内容	依頼先
葬儀・告別式	○	花輪（樒）、供花、供物などの依頼	
	○	司会者の依頼と式次第の決定	
	○	弔辞朗読の依頼と有無	
	○	弔問・弔電の紹介数の決定	
	○	席次・焼香の順位決定	
	○	会葬者への謝辞（出棺時挨拶）を誰が述べるか	
	○	出棺の挨拶時に喪主の他に誰に整列してもらうか	
	○	柩を霊柩車まで運ぶのを誰に依頼するか	
	○	火葬場までの同行を誰に依頼するか	
	○	僧侶への謝辞の準備	
	○	葬祭専門業者、料理、酒屋その他への支払の準備	
	○	世話役、各担当者、手伝いの人に対する慰労などの準備	
	○	後飾りの準備	
葬儀後	○	精進落しの準備	
	○	香典返しの手配	
	○	葬祭専門業者からの事務の引き継ぎ	
	○	世話役たちへの挨拶廻り	
	○	形見分け	
	○	仏壇の用意	
	○	墓の用意	
	○	葬儀後の諸手続き	
	○	生命保険金の受取り手続き	
	○	国民年金（遺族基礎、寡婦、死亡一時金）の受取りのための裁定請求	
	○	労災による死亡の遺族補償年金一時金の受取り手続き	

	チェック欄	チェック内容	依頼先
葬儀後	○	埋葬料または葬祭費の受取り手続き	
	○	医療費控除による税金の還付手続き	
	○	雇用保険の資格喪失届	
	○	所得税（故人）の確定申告	
	○	納骨時の埋葬許可書（火葬許可書）	
	○	遺産分割協議書の作成	
	○	扶養控除移動申告	
	○	非課税貯蓄の死亡申告	
	○	所有権移転登記・登録	
	○	相続税の申告	
	○	借地・借家の契約	
	○	株式、社債、国債、会員権の名義変更	
	○	貸付金・借入金の権利移転、債務継承通知手続き	
	○	銀行預金、郵便貯金の引き出しと相続手続き	
	○	自動車税の納税義務削除の申告	
	○	ＮＨＫ、電気、ガス、水道などの銀行引き落としの口座変更	
	○	運転免許証、各種免許証などの返却	
	○	身分証明書、バッジ、無料バス証などの返却	
	○	電話加入権の継承手続き	
	○	特許、商号、商標意匠権の相続手続き	
	○	クレジットカードの失効手続き	

■メモ欄

この「私自身の葬送プラン」は、私が必ず迎えなければならないお別れの時に、遺された家族に戸惑いや混乱を与えないために、私は私らしくありたいという気持ちから、自分の葬送のかたちについて記入しています。

			へ
記入した日	年	月	日
その後のチェック日			
名　前			
住　所			
電　話			

人生の記録
自分史ノート

自分の一生を振り返り、人生の決算書＝「自分史」をまとめてみることは、これからの生き方の指針を作るうえでも有効な手段と言えます。

人は誰も、死を免れることはできません。自分の生を次の世代に引き継いでいくために、また、残された人生を悔いなく生きるために、元気なうちに、自分の生涯を、自由に、気取らず、ありのままにまとめてみましょう。

人生全体の見取り図を得るため、まず「自分史年表」の作成から始めてみましょう。

自分史年表

和暦 西暦	年齢	私の記録	世の中の出来事
【例】昭和13	—	11月1日、福岡県遠賀郡岡垣町	「愛染かつら」が大ヒット
1938		にて、田中三郎・花子の二男と	
		して生まれる。	

和暦 西暦	年齢	私の記録	世の中の出来事

和暦 西暦	年齢	私の記録	世の中の出来事

和暦 西暦	年齢	私の記録	世の中の出来事

和暦 西暦	年齢	私の記録	世の中の出来事

私の履歴

■氏名／生年月日　　　　　　　　　　　　　年　　月　　日生まれ

■生地

■学歴（学校名、期間、専攻など）

■職歴（会社名、期間、配属先、役職など）

■免許・資格

私の人生観

■私の信条

■座右の銘

■尊敬する人

■私が誇れること（社会貢献、実績、特技など）

■後世に遺すべき教訓

人生の回想①：幼児期～小学時代

■思い出に残る友達

■思い出に残る先生

■思い出に残る遊び

■思い出に残る行事（運動会、遠足、祭りなど）

■熱中したり流行していたもの

■成績や得意・不得意科目

■小さい頃の夢（なりたかったものなど）

人生の回想②：中学時代

■思い出に残る友達

■思い出に残る先生

■思い出に残る遊び

■クラブ活動や学校行事について

■熱中したり流行していたもの

■成績や得意・不得意科目

■将来の夢や目標

人生の回想③：高校時代

■思い出に残る友達

■思い出に残る先生

■思い出に残る遊び

■クラブ活動や学校行事について

■熱中したり流行していたもの

■成績や得意・不得意科目

■将来の夢や目標

人生の回想④：青年時代【大学】

■その大学を選んだ理由は何ですか

■主にどんなことを学びましたか

■どんな友人がいましたか

人生の回想⑤：青年時代【就職】

■その仕事を選んだ理由は何ですか

■主にどんなことを担当しましたか

■どんな先輩や仲間がいましたか

人生の回想⑥：仕事と余暇

■仕事では主にどんなことに取り組んできましたか、その喜びや苦労は

■仕事上でどんな変化がありましたか（配置転換・昇進、転職など）

■仕事を離れた場所でどんなことに取り組んできましたか

■趣味やスポーツなどは

人生の回想⑦：結婚そして子供の誕生

■結婚についてどう考えていましたか

■どんな出会いから結婚をしましたか

■子供の誕生の時の思い出など

■子供とどんなふうに接してきましたか、思い出に残ることは

人生の回想⑧：壮年〜熟年期

■大きな転機がありましたか

■苦労や喜びは

人生の回想⑨：定年・退職

■定年や退職に際しての感慨など

■その後どう生きようと考えましたか

人生の回想⑩：旅の思い出など

■旅行やその他楽しかった経験など

家族・親族の思い出①

氏名・続柄	人柄・思い出など

＊後世に伝えるため、祖父母、父母、親族など、亡くなった人について書き残しておきましょう。

家族・親族の思い出②

氏名・続柄	人柄・思い出など

＊後世に伝えるため、祖父母、父母、親族など、亡くなった人について書き残しておきましょう。

氏名・続柄	人柄・思い出など

お世話になった方々

氏　　名	お世話になったこと、受けた影響など
様 間柄 いつ頃・どこで	
様 間柄 いつ頃・どこで	
様 間柄 いつ頃・どこで	
様 間柄 いつ頃・どこで	

氏　名	お世話になったこと、受けた影響など
様	
間柄	
いつ頃・どこで	
様	
間柄	
いつ頃・どこで	
様	
間柄	
いつ頃・どこで	
様	
間柄	
いつ頃・どこで	

私が暮らした所

年　月	住　　所	環境変化、住まいの特徴や思い出

「いざ」の時の安心ノート

「いざ」の時の安心ノートは、日頃から整理しておくべきものですが、元気なうちは、自分だけが知っていればよいことで、人に見せるものでもなく、整理ができていなくても、不便を感じることはありません。

しかしながら、自分が倒れたり、ボケたり、「いざ」の時は大変重要なノートになります。いつでも家族に渡せるよう整理をしておくと、安心です。

私自身の基礎データ

氏名・生年月日	年　　月　　日生まれ
住　　所	
本　　籍	
電話・ＦＡＸ	
Ｅメール・アドレス	
車（車検予定年月日）	

運転免許証番号（有効期限年月日）及び免許証保管場所

年金番号及び年金手帳保管場所	
健康保険証番号及び保険証保管場所	
パスポート番号及びパスポート保管場所	

各種免許・資格番号及び保管場所

各種会員証及び保管場所

各種医療機関連絡先（病院名・住所・電話・担当医）

健康状態（身長・体重・視力・血液型・平均血圧など）

病　歴

使っている薬

介護保険関係（介護支援事業所ほか）

備　考

財産一覧①

■預貯金

金融機関名・種別	口座番号	金　額	印鑑	保管場所	暗証番号

■保険関係

保険会社・支社名	証 券 番 号	印鑑	保管場所	連絡先

■有価証券関係（株券・債権・手形・小切手など）

■現金及び各種金券類（商品券など）

■貸付金（誰に、いくら、回収計画ほか）

■借入金（どこから、いくら、支払い計画、保証人ほか）

■ローン関係（何を、どこから、いくら、支払い計画）

■各種クレジット・カード（連絡先、カード番号、暗証番号、保管場所ほか）

財産一覧②

■不動産証書（土地・建物）

■宝石類、書画、骨董、美術品

■会員権など

■自分の死亡時、家族はどれくらいもらえるか（生命保険や死亡年金など）

その他

記入した日	年	月	日
その後のチェック日			
名　前			
住　所			
電　話			

おわりに

今、元気であれば……96歳である。また、「自分らしい葬送を考える会」として、この冊子を企画し、手掛けることもなかったでしょう。

私事になりますが、元気印が自慢だった父の突然の死に接し、喪主としてただ「世間並に送り出すことができれば……」、私の頭の中はそれで精一杯で、経験もなく、うろたえる様子は今でも鮮明に覚えています。

すべては近くの葬儀社任せで、形どおりの葬儀を終えることができました。その後“４年前の悔い”を今になっても忘れることができず、ケース・スタディとして記してみました。

信仰心が厚く、地元の神社総代会はもとより、県の神社総代会の役職にもたずさわる一方、人との出会いを大切にし、進んで幅広く人と接することが好きな父は、趣味のサークル活動として、唱歌、民謡、俳句など多彩に楽しんでいました。そんなことでいつも、「老後は友達が財産、金持ちよりも“人持ち”でありたい」と口癖のように言っていました。また、車の運転が大好きで、昭和41年型のブルーバードを駆使し、愛車のおかげで社会奉仕ができることを感謝していました。当時、こんな92歳はあまり見られず、テレビの人気番組で、東京から取材に見えたり、毎年「敬老の日」になると、新聞・テレビの取材攻めで、カレンダーは毎日のスケジュールで塗りつぶされていました。

そんな父の葬儀当日、突然、「歌の会」の方から、生前「自分の葬儀の時は『ふるさと』を歌ってほしい」と頼まれていたので、会のみんなで歌わせてほしい、との申し出がありました。背中の方から聞こえてくる歌声に涙を抑えることができなかったことが思い出されます。今思うと、この歌も「自分らしい“さよなら”のかたち」の一つでしょう。

前置きはよいとして、“４年前の悔い”とは「父の葬儀を何もかも葬儀社任せではなく、長い人生を振り返り、元気なうちに、自分も一緒に、父の“最期の晴れ舞台”をデザインし、１時間ほどの短い葬儀の中で、ご会葬いただいた方への、心に残る父らしい〈ありがとう、さよなら〉のかたちを演出してやれなかったこと」です。日頃は他人事のような感覚でしかとらえていなかった、自分や肉親の「死」、「葬儀」のあるべき姿について、父の死に直面し、正面から向かい合うようになりました。

最近、自分流の個性的な葬儀をあげたい、という声をよく耳にします。「自分葬」には、守らなければならない形式や決まりはありません。自由で、正解のない人生の総決算です。本書は専門家でもない私が、自分の悔いを反省し、遺族側の目線に立ち、新しいお葬式の姿についての情報を取り入れながら提案させていただきました。内容には不備な点も多々あるかと思いますが、皆様のご教示をいただければ幸いです。

*　　　　　　　*

以上の文章は、2002年10月に「自分らしい葬送を考える会」が、本書の原型となった『自分らしい“さよなら”のかたち』(自分葬を題材にした冊子)を発刊した時のものです。当時、地域の市民団体や高齢者との交流を図っていく中で、幸いにも会の活動状況や冊子が地元新聞に紹介され、予想外の反響をいただきました。

今の高齢社会を反映し、必ず訪れる「死」や「葬送」については関心が高く、特に伝統を重視した形式的な現在の葬儀に対する不満の実態を痛感し、多くの方に冊子を読んでいただきたいと願っておりましたが、この度、内容もさらに充実し、出版社により広く市販されることになりました。海鳥社のご尽力に対し、感謝いたします。

これを機会に、「自分らしい葬送を考える会」も本年9月、特定非営利活動法人(NPO法人)の認証をいただきました。この本がさらに広く読者の手に渡り、「自分らしい葬送」を考える方たちのお役に立てれば、望外の喜びです。皆様のご意見やご感想などをお寄せください。

2003年9月

特定非営利活動法人(NPO法人)
自分らしい葬送を考える会　代表　小早川　滋

●自分らしい葬送を考える会　高齢社会に対応して、個人の尊重、幸福追求の権利、思想・信教の自由という基本的人権に基づき、「葬送の自由」を考察し、従来の形式や伝統にとらわれず、個性的で自分らしさが表現できる〈自分葬〉という新しい「葬儀のあり方」や、「葬法」を研究・啓蒙し、実践している。併せて、葬儀社主導から遺族意向重視への〈葬儀費用〉の改善と、〈小規模・低価格〉葬儀の提案について社会的合意を広げ、啓発・実践し、もって市民の福祉の向上に寄与することを目的とするNPO法人。平成15年９月、九州初の葬祭支援「特定非営利活動法人　自分らしい葬送を考える会」認証。地域優良市民団体、優良葬儀社などとのネットワーク形成を図りながら、公益活動を進めている。

連絡所＝福岡市西区愛宕１－25－１－801
自分らしい葬送を考える会　代表・小早川 滋

●小早川　滋（こばやかわ・しげる）　昭和13（1938）年，福岡県に生まれる。昭和36年，中央大学法学部卒業。昭和41年より大手流通業に34年間勤務。取締役を経て，平成12（2000）年退社。その後，地域市民団体や高齢者との交流を図りながら，高齢社会における葬送の新しい形態や方向性につき調査・研究し，平成14年，民間非営利団体「自分らしい葬送を考える会」を発足。『自分らしい“さよなら”のかたち』を発刊。平成15年９月，「特定非営利活動法人　自分らしい葬送を考える会」認証と同時に理事長に就任。

【自分《じぶん》で決《き》める】
“さよなら”のかたち
■
2003年10月１日　第１刷発行
■
著者　小早川　滋
発行者　西　俊明
発行所　有限会社海鳥社
〒810－0074　福岡市中央区大手門３丁目６番13号
電話 092(771)0132　FAX 092(771)2546
http://www.kaichosha-f.co.jp
印刷・製本　有限会社九州コンピュータ印刷
ISBN 4－87415－457－3
［定価は表紙カバーに表示］